Mamá, Quiero Escuchar tu Historia

Una Madre Diario Guiado Comparte tu Vida y su Amor

Jeffrey Mason

Libros Para Escuchar tu Historia

Sobre este libro

Ser madre es para siempre.

No importa la edad o el lugar en el que se encuentren, tus hijos permanecen unidos a ti, tus vidas siempre entrelazadas. Siempre están en vuestros pensamientos y corazones.

Ser madre es constante.

Preguntarse cómo están tus hijos siempre forma parte de ti. Incluso después de que hayan crecido y se hayan ido, tu sueño sigue siendo un poco menos reparador, tus oídos siguen escuchando el llanto de medianoche de una cuna que lleva años sin existir.

Ser madre es incondicional.

No importa el camino que recorran tus hijos o las decisiones que tomen, tu amor es tan implacable como el día en que los abrazaste por primera vez.

Ser madre es tranquilo.

Su constante sacrificio por sus hijos y su familia está siempre ahí, pero a menudo no se ve. Como el aire que nos rodea, la entrega de una madre forma parte de todo.

Este libro fue creado para dar a las madres un lugar donde compartir las historias de sus vidas: lo que han experimentado, sus logros, desafíos, victorias y sueños.

La esperanza es que este libro cree conversaciones, fomente la comprensión y sirva de recordatorio de todo lo que nuestras madres han dado por nosotros y a nosotros.

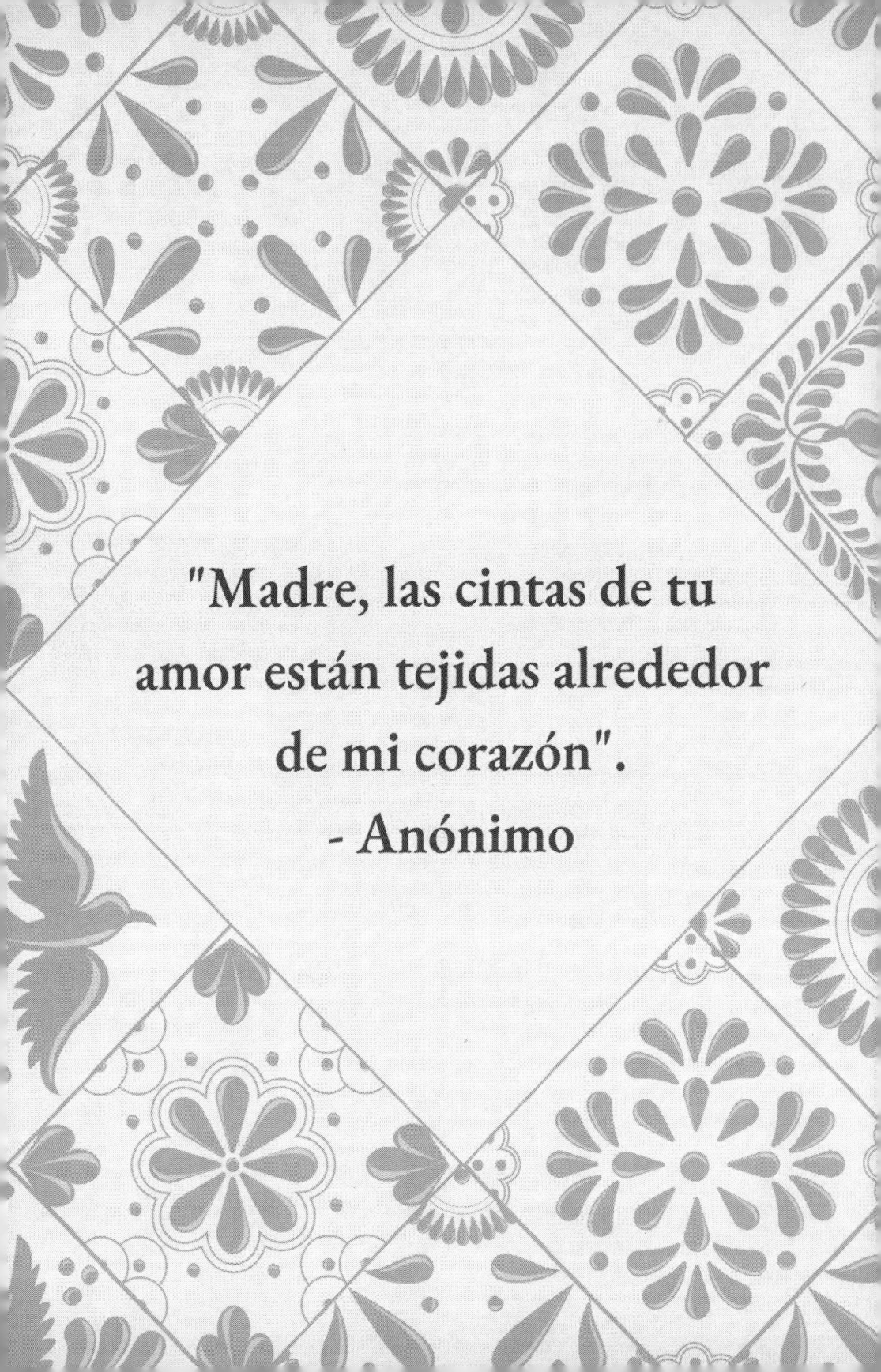

"Madre, las cintas de tu amor están tejidas alrededor de mi corazón".
- Anónimo

Este libro pertenece a:

Mamá, Quiero Escuchar tu Historia

¡ES TU CUMPLEAÑOS!
"La vida comenzó al despertar y amar la cara de mi madre."
- George Eliot

¿Cuál es tu fecha de nacimiento?
_____

¿Cuál era tu nombre completo al nacer?
_____

¿Te pusieron el nombre de un pariente o de alguien importante?
_____
_____
_____

¿En qué ciudad has nacido?
_____

¿Cuál era tu largo y peso durante el nacimiento?
_____

¿Has nacido en un hospital? Si la respuesta es no, ¿dónde?
_____
_____

¿Cuáles fueron tus primeras palabras?
_____
_____

¡ES TU CUMPLEAÑOS!
"Todo lo que soy o espero ser, se lo debo a mi ángel madre."
- Abraham Lincoln

¿Qué edad tenías cuando empezaste a caminar?
_____

¿Qué edad tenían tus padres cuando naciste?
_____
_____

¿Cómo te describían tus padres cuando eras un bebe?
_____
_____
_____
_____
_____
_____
_____
_____
_____
_____

¡CUMPLEAÑOS!

"La gran utilidad de la vida es gastarla
para algo que lo supere." - William James

¿Qué historias te han contado sobre el día en que naciste?

_____
_____
_____
_____
_____
_____
_____
_____
_____
_____
_____
_____
_____
_____

¡ES TU CUMPLEAÑOS!

"Una madre es aquella que puede ocupar el lugar de todos los demás, pero cuyo lugar no puede ocupar nadie más."
- Cardenal Meymillod

¿Cuál es tu recuerdo favorito de la infancia?

_____
_____
_____
_____
_____
_____
_____
_____
_____
_____
_____
_____
_____

LO QUE PASÓ
¿EL AÑO EN QUE NACISTE?

"Porque la mano que mece la cuna es la mano que gobierna el mundo." - William Ross Wallace

Busca en Google lo siguiente para el año en que naciste: ¿Cuáles son algunos de los acontecimientos notables que se produjeron?

_____

_____

_____

_____

¿Qué película ganó el Oscar a la mejor película? ¿Quién ganó el premio al mejor actor y a la mejor actriz

_____

_____

_____

¿Cuáles fueron algunas de las películas más populares que se estrenaron ese año?

_____

_____

_____

_____

LO QUE PASÓ
¿EL AÑO EN QUE NACISTE?

"Lo más importante en el
mundo es la familia y el amor." - John Wooden

¿Qué canción estaba en la cima de las listas de Billboard?

_____

¿Quién era el líder del país (Presidente, Primer Ministro, etc.)?

_____

¿Cuáles eran algunos programas de televisión populares?

_____

_____

_____

_____

_____

_____

¿Cuáles eran los precios de los siguientes productos?
- Una barra de pan
- Un galón de leche
- Una taza de café
- Una docena de huevos
- El costo promedio de una casa nueva
- Una estampa de primera clase
- Un carro nuevo
- Un galón de gasolina
- Una entrada para el cine

CRECIENDO

"Nacemos del amor; el amor es nuestra madre."
- Rumi

¿Cómo te describirías a ti mismo cuando eras un niño?

_____

_____

_____

¿Tenías un apodo cuando crecías? En caso afirmativo, ¿cómo lo conseguiste?

_____

¿Quiénes eran tus mejores amigos en la época de la escuela primaria? ¿Sigues en contacto con ellos?

_____

_____

_____

¿Cuáles eran tus tareas habituales? ¿Recibías una mesada? ¿Cuánto era y en qué lo gastabas?

_____

_____

_____

CRECIENDO
"La maternidad lo cambia todo."
- Adriana Trigiani

Describe cómo era tu habitación cuando crecías. ¿Estaba desordenada o limpia? ¿Tenías cuadros o carteles en las paredes? ¿Cuáles eran los colores principales?

_____
_____
_____
_____
_____
_____
_____
_____
_____

¿Qué es lo que echas de menos de tu infancia?

_____
_____
_____
_____

TRIVÍA DE LA MADRE

"De todas las cosas que mis manos han sostenido,
la mejor, de lejos, eres tú." - Autor desconocido

¿Cuál es tu sabor de helado favorito?

_____

¿Cómo te gusta el café?

_____

_____

Si pudieras vivir en cualquier parte del mundo durante un año con todos los gastos pagados, ¿dónde elegirías?

_____

_____

_____

¿Cómo te gustan que los huevos estén cocinados?

_____

Preferencia: ¿cocinar o limpiar?

_____

¿Cuál es tu número de calzado?

_____

¿Qué superpotencia elegirías para ti?

_____

_____

TRIVÍA DE LA MADRE

"La vida no viene con un manual; viene con una madre."
- Autor desconocido

¿Tienes alguna alergia?
_____
_____
_____

¿Cuál es tu mayor temor?
_____
_____
_____

¿Qué pedirías como última comida?
_____
_____
_____
_____
_____

¿Te has roto alguna vez un hueso? ¿Cuál(es) y cómo?
_____
_____

¿Cuál es su flor o planta favorita?
_____

LA ADOLESCENCIA

"La parte más aterradora de criar a un adolescente es recordar la cosas que hacías cuando eras adolescente." - Autor desconocido

¿Cómo te describirías a ti mismo cuando eras adolescente?

_____

_____

_____

_____

¿Cómo te vestías y peinabas durante tu adolescencia?

_____

_____

_____

_____

_____

¿Salías con un grupo o sólo con unos pocos amigos íntimos? ¿Sigues teniendo relación con alguno de ellos?

_____

_____

_____

_____

LA ADOLESCENCIA

"La adolescencia - esa época de la vida en la que muestras tu individualidad al parecerse a todos los demás." - Autor desconocido

Describe una típica noche de viernes o sábado durante tus años de escuela.

_____

_____

_____

_____

¿Tenías una hora para volver a casa?

_____

¿Saliste con alguien durante tus años de escuela?

_____

_____

¿Fuiste a algún baile de la escuela? ¿Cómo eran?

_____

_____

_____

_____

¿Quién te enseñó a conducir y en qué tipo de coche?

_____

_____

LA ADOLESCENCIA

"Niños pequeños, dolor de cabeza; niños grandes, dolor de corazón." - Proverbio italiano

¿Qué edad tenías cuando compraste tu primer coche? ¿Qué tipo de coche era (año, marca y modelo)?

_____

_____

¿En qué actividades escolares o deportes has participado?

_____

_____

_____

_____

_____

¿Qué te gustaba y qué no te gustaba de la escuela?

_____

_____

_____

_____

_____

LA ADOLESCENCIA

"Mantente fiel a los sueños de tu juventud."
- Friedrich Schiller

¿Cómo eran tus notas?

_____

_____

¿Tenías una asignatura favorita y otra menos favorita?

_____

_____

_____

¿Cuáles son sus canciones favoritas de los años de escuela?

_____

_____

_____

_____

_____

_____

_____

LA ADOLESCENCIA

"Tener un adolescente puede hacer que los padres se pregunten sobre la herencia de cada uno." - Autor desconocido

Sabiendo todo lo que sabes ahora, ¿qué consejo le darías a tu yo adolescente? ¿Qué habrías hecho diferente en la escuela si supieras entonces lo que sabes ahora?

_____

_____

_____

_____

_____

_____

_____

_____

_____

_____

_____

_____

_____

LA ADOLESCENCIA

"La vida es un camino sinuoso a través de colinas y valles y en al final, lo único que importa es el viaje." - Autor desconocido

Escribe sobre un profesor, entrenador u otro mentor que haya tenido un impacto significativo en ti durante tu crecimiento.

_____

_____

_____

_____

_____

_____

_____

_____

_____

_____

_____

_____

_____

_____

COMIENZOS

"No dejamos de ir a la escuela cuando nos graduamos."
- Carol Burnett

¿Qué hiciste después de la escuela? ¿Conseguiste un trabajo, hiciste el servicio militar, fuiste a la universidad o a una escuela de oficios? ¿O algo más?

_____

_____

_____

_____

¿Por qué ha tomado esta decisión?

_____

_____

_____

_____

_____

_____

Si fuiste a la universidad o a la escuela de comercio, ¿cuál fue tu especialidad/el enfoque de tu educación?

_____

_____

_____

COMIENZOS

"Hace falta valor para crecer y convertirse en quien realmente eres."
- ee cummings

¿Cómo influyó esta época en lo que eres es hoy?

___

___

___

___

___

Si pudieras volver atrás, ¿qué cambiarías, si es que hay algo, de este periodo de tu vida? ¿Por qué?

___

___

___

___

___

___

TRABAJO Y CARRERA

"Incluso si estás en el camino correcto, te van a atropellar si te quedas ahí sentado." - Will Rogers

Cuando eras niña, ¿qué querías ser de mayor?

_____

_____

¿Cuál fue tu primer trabajo? ¿Qué edad tenías? ¿Cuánto te pagaban?

_____

_____

¿Cuántos trabajos has tenido a lo largo de tu vida? Enumera algunos de tus favoritos.

_____

_____

_____

_____

¿Cuál es el trabajo menos favorito que has tenido?

_____

_____

_____

_____

TRABAJO Y CARRERA

"Soy un gran creyente en la suerte, y cuanto más trabajo, más tengo."
- Thomas Jefferson

¿Hay algún trabajo o profesión que tus padres querían que ejercieras? ¿Cuál era?

_____
_____
_____

Cuando la gente le pregunta qué profesión tienes o tuviste, u respuesta es...

_____
_____
_____

¿Cómo entraste en esta carrera?

_____
_____
_____
_____
_____

TRABAJO Y CARRERA

"Elige un trabajo que te guste y nunca
tendrás que trabajar un día en tu vida." - Confucio

¿Cuáles son/son las mejores partes de esta profesión?

_____
_____
_____
_____
_____

¿Qué aspectos te han gustado o te disgustan?

_____
_____
_____
_____

TRABAJO Y CARRERA

"Si la gente supiera lo mucho que he trabajado para conseguir mi maestría, no parecería tan maravilloso después de todo."
- Miguel Ángel

¿Quién ha sido el mejor jefe que has tenido? ¿Por qué era tan buen jefe?

_____
_____
_____
_____
_____

¿Cuáles son algunos de tus logros laborales y profesionales de los que te sientes más orgulloso?

_____
_____
_____
_____
_____
_____
_____

TRIVÍA DE LA MADRE

"Antes de casarme, tenía seis teorías sobre la crianza de los hijos; ahora, tengo seis hijos y ninguna teoría." - John Wilmot

¿Te han dicho alguna vez que te pareces a alguien famoso? En caso afirmativo, ¿a quién?

_____

_____

_____

¿Cuál es tu rutina matutina?

_____

_____

_____

_____

¿Cuál es tu placer culpable favorito?

_____

_____

_____

¿Qué familia televisiva te recuerda más a la tuya?

_____

_____

TRIVÍA DE LA MADRE

"Las madres sostienen las manos de sus hijos durante un corto tiempo mientras, sus corazones para siempre." - Autor desconocido

¿Tenías aparatos de ortodoncia? Si es así, ¿qué edad tenías cuando te los pusieron?

___

¿Te gustan las montañas rusas?

___

___

¿Qué nombre elegirías si tuvieras que cambiar tu nombre de pila?

___

¿Alguna vez faltaste a la escuela?

___

En caso afirmativo, ¿te saliste con la tuya y qué hiciste durante el tiempo que deberías haber estado en clase?

___

___

___

___

___

Mamá, Quiero Escuchar tu Historia

ÁRBOL FAMILIAR
"Cada uno de nosotros es el antepasado de mañana."
- Autor desconocido

Mi bisabuela
(La mamá de mi abuela)

Mi bisabuela
(La mamá de mi abuelo)

Mi bisabuelo
(El papa de mi abuela)

Mi bisabuelo
(El papa de mi abuelo)

Mi abuela

Mi abuelo

Mi madre

Mamá, Quiero Escuchar tu Historia

ÁRBOL FAMILIAR

"Lo que hagas con tus antepasados, tus hijos lo harán contigo."
- Proverbio africano

_____
Mi bisabuela
(La mamá de mi abuela)

_____
Mi bisabuela
(La mamá de mi abuelo)

_____
Mi bisabuelo
(El papa de mi abuela)

_____
Mi bisabuelo
(El papa de mi abuelo)

Mi abuela

Mi abuelo

Mi padre

PADRES Y ABUELOS

"Si la evolución realmente funciona, ¿cómo es que las madres sólo tienen dos manos?" - Milton Berle

¿Dónde nació tu madre y dónde creció?

_____

_____

_____

¿Qué tres palabras utilizaría para describirla?

_____

_____

_____

¿En qué te pareces más a tu madre?

_____

_____

_____

_____

_____

_____

_____

PADRES Y ABUELOS

"Nunca mirarás atrás en la vida y pensarás,
'Pasé demasiado tiempo con mis hijos.'" - Desconocido

¿Dónde nació tu padre y dónde creció?

_____
_____
_____

¿Qué tres palabras utilizarías para describirlo?

_____
_____
_____

¿En qué te pareces más a tu padre?

_____
_____
_____
_____
_____
_____
_____

PADRES Y ABUELOS

"Un momento dura segundos, pero su recuerdo dura para siempre."
- Autor desconocido

¿Cuál es el recuerdo favorito de tu madre?

_____
_____
_____
_____
_____
_____
_____
_____
_____
_____
_____

PADRES Y ABUELOS
"No recordamos días, sino momentos."
- Autor desconocido

¿Cuál es el recuerdo favorito de tu padre?

_____
_____
_____
_____
_____
_____
_____
_____
_____
_____
_____
_____

PADRES Y ABUELOS

"Olvidar a los antepasados es ser un arroyo sin una fuente, un árbol sin raíz." - Proverbio chino

¿Cuál era el nombre de soltera de tu madre?

_____

¿Sabes de qué parte o partes del mundo es originaria tu familia materna?

_____

_____

_____

¿Conoces el apellido de soltera de la madre de tu padre?

_____

_____

¿Sabes de qué parte o partes del mundo es originaria la familia de tu padre?

_____

_____

_____

¿Cómo se conocieron tus padres?

_____

_____

_____

PADRES Y ABUELOS

"Aprecia a tus padres. Nunca se sabe lo que sacrificios que hicieron por ti." - Autor desconocido

¿Cómo describirías su relación?

_____
_____
_____
_____
_____

¿A qué se dedicaban tus padres?

_____
_____
_____
_____
_____

¿Tenía alguno de ellos algún talento o habilidad única?

_____
_____
_____
_____
_____

¿Alguno de ellos sirvió en el ejército?

_____

PADRES Y ABUELOS

"El amor es la cadena que une a un niño con sus padres."
- Abraham Lincoln

¿Cuál es la tradición familiar favorita que te han transmitido tus padres o abuelos?

_____
_____
_____

¿Cuáles son las cosas que más te gustan que tu madre o tu padre cocinen para la familia?

_____
_____
_____

¿Cómo eran tus abuelos por parte de tu madre?

_____
_____
_____
_____

PADRES Y ABUELOS
"Junto a Dios, tus padres."
- William Penn

¿Sabes dónde nacieron y crecieron los padres de tu madre?

_____

_____

_____

_____

¿Cómo eran tus abuelos por parte de tu padre?

_____

_____

_____

_____

_____

_____

¿Sabes dónde nacieron y crecieron los padres de tu padre?

_____

_____

_____

_____

PADRES Y ABUELOS

"No hay escuela igual a un hogar decente y no hay maestro igual a un padre virtuoso." - Mahatma Gandhi

¿Cuál es uno de los mejores consejos que te dio tu madre?

_____
_____
_____
_____
_____
_____
_____
_____
_____
_____
_____

PADRES Y ABUELOS

"La bondad de un padre es más alta que la montaña, la bondad de una madre es más profunda que el mar." - Proverbio japonés

¿Cuál es uno de los mejores consejos que te dio tu padre?

_____
_____
_____
_____
_____
_____
_____
_____
_____
_____
_____
_____
_____

PADRES Y ABUELOS
"Mis padres plantaron para mí, y yo planté para mis hijos."
- Refrán hebreo

¿Conociste a tus bisabuelos de ambos lados de tu familia? En caso afirmativo, ¿cómo eran?

_____

_____

_____

_____

_____

_____

_____

_____

_____

_____

PADRES Y ABUELOS

"El camino más largo para salir es el más corto para volver a casa."
- Proverbio irlandés

¿Qué otras personas tuvieron un papel importante ayudándote a crecer?

TUS HERMANOS

"Los hermanos y hermanas están tan cerca
como las manos y los pies." - Refrán vietnamita

¿Eres hija única o tienes hermanos?
_____

¿Eres la mayor, la del medio o la más joven?
_____

Enumera los nombres de tus hermanos por orden de edad. Asegúrate de incluirte a ti misma.

_____

_____

_____

_____

¿Con cuál de tus hermanos eras más unida mientras crecías?

_____

_____

¿Con cuál de tus hermanos eres más unida en tu edad adulta?

_____

_____

TUS HERMANOS

"El mayor regalo que nos hicieron nuestros
padres fue el uno al otro." - Autor desconocido

¿Cómo describirías a cada uno de tus hermanos cuando eran niños?

_____
_____
_____
_____
_____
_____

¿Cómo describiría a cada uno de sus hermanos como adultos?

_____
_____
_____
_____
_____
_____

TUS HERMANOS

"Primero un hermano, luego una molestia, ahora un amigo."
- Autor desconocido

En las siguientes páginas, comparte algunos recuerdos favoritos de cada uno de tus hermanos. Si eres hijo único, no dudes en compartir recuerdos de amigos cercanos o primos.

TUS HERMANOS

"¿Qué causa la rivalidad entre hermanos? Tener más de un hijo."
- Tim Allen

Recuerdos...

_____

_____

_____

_____

_____

_____

_____

_____

_____

_____

_____

_____

_____

_____

TUS HERMANOS

"Los hermanos saben cómo sacarse de quicio mutuamente, pero también saben cómo arreglar las cosas más rápido que nadie."
- Desconocido

Recuerdos...

TUS HERMANOS

"La ventaja de crecer con hermanos es que te vuelves muy bueno en las fracciones."
- Autor desconocido

Recuerdos...

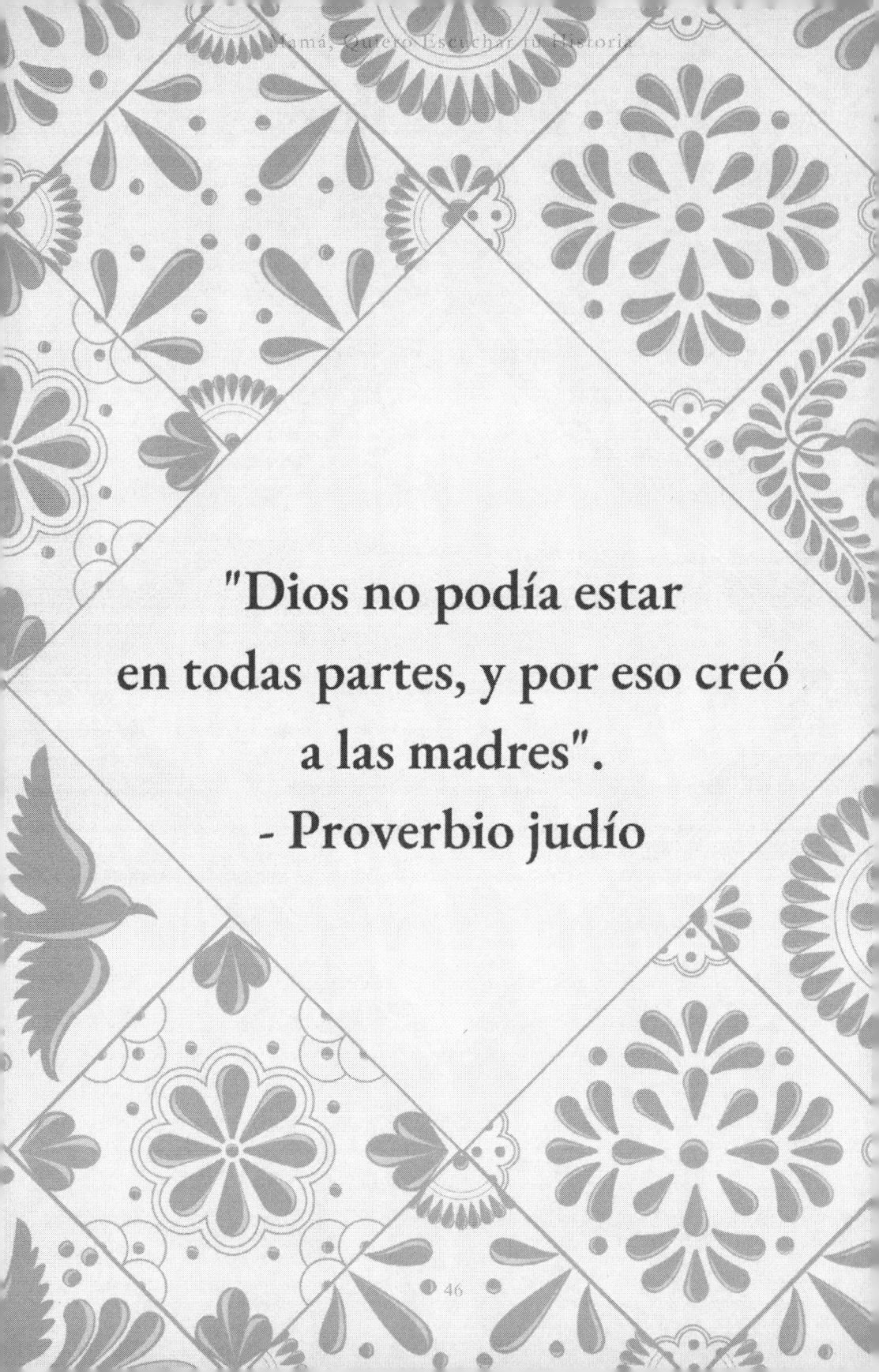

"Dios no podía estar en todas partes, y por eso creó a las madres".
- Proverbio judío

"La maternidad: todo amor comienza y termina allí".
- Robert Browning

SER Y CONVERTIRSE EN MADRE

"Mi madre tuvo muchos problemas conmigo
pero creo que lo disfrutó." - Mark Twain

¿Qué edad tenías cuando fuiste madre por primera vez?

_____

¿Cuál fue tu parte favorita de estar embarazada?

_____
_____
_____
_____

¿Qué dificultades tuviste en tus embarazos, si es que las tuviste?

_____
_____
_____
_____
_____

SER Y CONVERTIRSE EN MADRE

"Ser madre es la respuesta a todas las preguntas. Ella es nuestro por qué, quién, qué y cuándo." - Autor desconocido

¿Los partos fueron tempranos, tardíos o a tiempo?

_____
_____
_____
_____

¿Has tenido antojos de comida? En caso afirmativo, ¿cuáles fueron?

_____
_____
_____
_____
_____
_____

¿Cuál era la longitud y el peso de tus hijos al nacer?

_____
_____
_____
_____

SER Y CONVERTIRSE EN MADRE

*"Suéter", s. prenda que lleva un niño cuando
su madre tiene frío." - Ambrose Bierce*

¿Hay alguna canción especial que cantabas o tocabas a tus hijos cuando eran pequeños?

_____

_____

¿Cómo influyó el hecho de tener hijos en tu vida profesional?

_____

_____

_____

_____

¿Cuáles son las mayores diferencias entre la forma de educar a los niños de hoy y cuando tú eras joven?

_____

_____

_____

_____

_____

_____

SER Y CONVERTIRSE EN MADRE

"El trabajo de un hombre es de sol a sol, pero
el trabajo de una madre nunca termina." - Autor desconocido

Mirando hacia atrás, ¿qué cambiarías de la forma en que fueron educados tus hijos, si es que hay algo que cambiar?

_____
_____
_____
_____
_____
_____
_____
_____
_____
_____
_____
_____
_____
_____

SER Y CONVERTIRSE EN MADRE

"No hay nombre más importante para un líder que el de madre o padre. No hay liderazgo más importante que la paternidad."
- Sheri L. Dew

¿Qué es lo mejor y lo más difícil de ser madre?

___
___
___
___
___
___
___
___
___
___
___
___

SER Y CONVERTIRSE EN MADRE

"La madre es el único bien supremo de la vida nacional; es más importante, por mucho, que el estadista, el empresario, el artista o el científico de éxito." - Theodore Roosevelt

Escribe sobre un recuerdo favorito de ser madre.

SER Y CONVERTIRSE EN MADRE

"Casi toda la verdad honesta que hay en
el mundo lo hacen los niños." - Oliver Wendell Holmes

Sabiendo lo que sabe ahora, ¿qué consejo te daría a sí misma como madre primeriza?

_____
_____
_____
_____
_____
_____
_____
_____
_____
_____
_____
_____
_____

SER Y CONVERTIRSE EN MADRE

"Convertirse en madre hace que te des cuenta de que puede hacer casi todo con una sola mano." - Autor desconocido

Basándose en todo lo que has aprendido y experimentado, ¿qué consejo darías a tus hijos?

_____
_____
_____
_____
_____
_____
_____
_____
_____
_____
_____
_____
_____

HABLEMOS DE TUS HIJOS
"La mejor academia es la rodilla de una madre."
- James Russell Lowell

¿Cómo se habrían llamado tus hijos si hubieran nacido del sexo opuesto?

¿A quién se parecían más cuando eran bebés?

¿Cuáles fueron sus primeras palabras?

HABLEMOS DE TUS HIJOS
"El camino más largo de ida es el más corto de vuelta."
- Proverbio irlandés

¿Qué edad tenían cuando dieron sus primeros pasos?

_____

_____

_____

¿Alguno de tus hijos fue una "sorpresa"?

_____

_____

_____

¿Hay algún libro específico que recuerdes haber leído a tus hijos?

_____

_____

_____

_____

Cuando tus hijos eran pequeños, ¿qué truco utilizabas para calmarlos cuando se enfadaban?

_____

_____

HABLEMOS DE TUS HIJOS

"Los adultos no son más que niños desfasados."
- Dr. Seuss

¿En qué se parecen tus hijos a ti?

HABLEMOS DE TUS HIJOS

"Los abrazos pueden hacer mucho bien, especialmente a los niños."
- Diana, Princesa de Gales

¿En qué se diferencian?

TRIVÍA DE LA MADRE

"La biología es lo mínimo que hace que alguien sea madre."
- Oprah Winfrey

Si pudieras hacer cualquier cosa durante un día, ¿qué sería?

_____

_____

¿Cuál es su estación favorita? ¿Qué cosas le gustan de esa época del año?

_____

_____

_____

¿Qué olor le recuerda a su infancia? ¿Por qué?

_____

_____

_____

¿Cuál es la tarea doméstica que menos te gusta?

_____

_____

¿Qué es lo que haces mejor que cualquier otra persona de la familia?

_____

_____

TRIVÍA DE LA MADRE

"Siempre estuve en paz por la forma en que me trataba mi madre."
- Martina Hingis

¿Cuál es tu postre favorito?

_____

¿Cuál es tu recuerdo favorito de los últimos doce meses?

_____

_____

_____

Si sólo pudieras comer tres cosas durante el próximo año (sin que ello afectara a tu salud), ¿qué elegirías?

_____

_____

_____

¿Cuál es su definición de éxito?

_____

_____

_____

_____

ESPIRITUALIDAD Y RELIGIÓN

"Amo a mi madre como los árboles aman el agua y el sol.
Me ayuda a crecer, a prosperar y a alcanzar grandes cosas."
- Autor desconocido

¿Cuál cree que es el propósito de la vida?

_____
_____
_____
_____
_____
_____
_____

¿Qué influye más en nuestra vida: el destino o el libre albedrío?

_____
_____
_____
_____
_____

ESPIRITUALIDAD Y RELIGIÓN

"Cuando te sientas abandonado, piensa en la hembra de salmón que pone 3.000.000 de huevos, pero nadie se acuerda de ella en el Día de la Madre." - Sam Ewing

¿Eran tus padres religiosos cuando crecías? ¿Cómo expresaban sus creencias espirituales?

_____
_____
_____
_____
_____
_____
_____
_____
_____
_____
_____
_____
_____

ESPIRITUALIDAD Y RELIGIÓN

"Si uno es incapaz de criar a sus hijos, no creo que cualquier otra cosa que haga tenga mucha importancia."
- Jacqueline Kennedy Onassis

Eras usted religiosa o espiritual, ¿cómo han cambiado tus creencias y prácticas a lo largo de tu vida?

___
___
___
___
___
___
___
___
___
___
___
___
___
___

ESPIRITUALIDAD Y RELIGIÓN

"Lo que eres es un regalo de Dios para ti, lo que llegas a ser es tu regalo a Dios." - Hans Urs von Balthasar, *Oración*

¿Qué prácticas religiosas o espirituales incorporas a tu vida diaria hoy en día, si es que hay alguna?

___

___

___

___

___

___

___

¿Crees en los milagros? ¿Ha experimentado alguno?

___

___

___

___

___

___

ESPIRITUALIDAD Y RELIGIÓN

"Dentro de ti hay una quietud y un santuario al que puedes retirarte en cualquier momento y ser tú mismo."
- Hermann Heese

¿Qué haces cuando los tiempos son difíciles y necesitas encontrar más fuerza interior?

_____
_____
_____
_____
_____
_____
_____
_____
_____
_____
_____
_____

ESPIRITUALIDAD Y RELIGIÓN

"Las familias son como las ramas de un árbol.
Crecemos en diferentes direcciones, pero nuestras
raíces permanecen como una sola." - Autor desconocido

Escribe sobre una ocasión en la que hayas encontrado alivio al perdonar a alguien.

AMOR Y ROMANCE
"¡Estamos dormidos hasta que nos enamoramos!"
- León Tolstoi, *Guerra y Paz*

¿Crees en el amor a primera vista?
_____
_____
_____

¿Crees en las almas gemelas?
_____
_____
_____

¿Qué edad tenías cuando diste tu primer beso?
_____

¿Qué edad tenías cuando tuviste tu primera cita?
_____

¿Puede recordar con quién fue y qué hiciste?
_____
_____
_____
_____
_____

AMOR Y ROMANCE

"Sea cual sea nuestra alma, la suya y la mía son iguales."
- Emily Brontë, *Cumbres Borrascosas*

¿Qué edad tenías cuando tuviste tu primera relación estable? ¿Con quién fue?

_____

¿Cuántas veces en tu vida has estado enamorada?

_____

_____

¿Cuáles son las cualidades más importantes de una relación exitosa?

_____

_____

_____

_____

_____

_____

_____

_____

AMOR Y ROMANCE

"Amamos con un amor que era más que amor."
- Edgar Allan Poe, *Annabel Lee*

¿Te enamoraste de algún famoso cuando eras joven?

_____

_____

_____

¿Has tenido alguna vez una relación con alguien que tus padres no aprobaban?

_____

_____

_____

¿Has escrito alguna vez a alguien o has hecho que alguien te escriba un poema o una canción de amor?

_____

Si la respuesta es afirmativa, escriba algunas líneas que puedas recordar.

_____

_____

_____

_____

AMOR Y ROMANCE
"El amor es un gran embellecedor."
- Louisa May Alcott, *Mujercitas*

¿De qué manera crees que la relación de tus padres ha influido en tu forma de enfocar el amor y el matrimonio?

_____

_____

_____

_____

_____

Escribe sobre un momento romántico favorito.

_____

_____

_____

_____

_____

_____

_____

Mamá, Quiero Escuchar tu Historia

AMOR Y ROMANCE
"No recordamos días, sino momentos."
- Autor desconocido

¿Cómo conociste a nuestro padre?
_____
_____
_____
_____

¿Cuál fue tu primera impresión de él?
_____
_____
_____
_____
_____

¿Cuál es la historia de tu propuesta de matrimonio?
_____
_____
_____
_____

AMOR Y ROMANCE

"Los niños son las manos con las que nos agarramos al cielo."
- Henry Ward Beecher

¿Cómo fue tu boda? ¿Dónde se celebró y quién estuvo allí? ¿Alguna buena anécdota del día de la boda?

VIAJE

"Una vez al año, ve a un lugar en el que nunca hayas estado."
- Dali Lama

¿Tiene un pasaporte válido?
_____

¿Qué opinas de los cruceros?
_____
_____

¿Qué te parece volar en avión?
_____

¿Cuáles son algunos de tus lugares favoritos a los que has viajado?
_____
_____
_____
_____
_____
_____

VIAJE

"La vida es corta y el mundo es ancho."
- Autor desconocido

¿Cuál es tu recuerdo de viaje favorito?

¿A DÓNDE QUIERO VIAJAR?

"El hombre no puede descubrir nuevos océanos si no tiene el valor de perder de vista la orilla." - André Gide

Enumera los 10 principales lugares que visitarías si el dinero y el tiempo no fueran una preocupación.

1. _____

2. _____

3. _____

4. _____

5. _____

¿A DÓNDE QUIERO VIAJAR?
"El mundo es un libro, y aquellos que no viajen leyeron sólo una página." - San Agustín

6. _____

_____

7. _____

_____

8. _____

_____

9. _____

_____

10. _____

_____

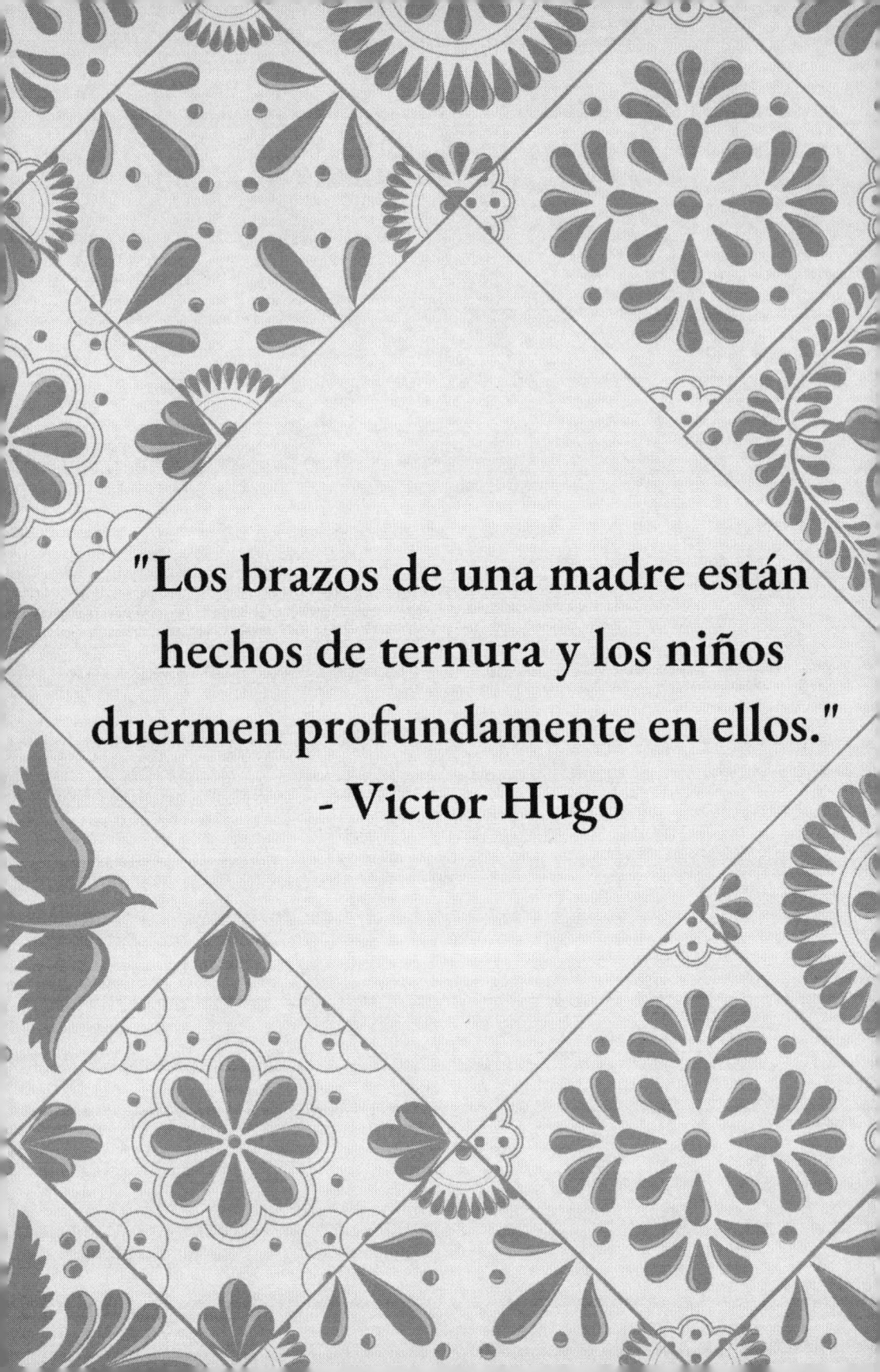

"Los brazos de una madre están hechos de ternura y los niños duermen profundamente en ellos."
- Victor Hugo

"Los hijos son las anclas que sostienen a una madre en la vida".
- Sófocles

TRIVÍA DE LA MADRE

"Realmente lo aprendí todo de las madres." - Benjamin Spock

¿Qué título le pondrías a tu autobiografía?
_____
_____

¿Crees que podrías aprobar la parte escrita del examen de conducir sin estudiar?
_____

¿Cuál es tu color favorito?
_____

¿Cuál es tu cita favorita?
_____
_____

¿Crees en la vida en otros planetas?
_____

Si pudieras viajar en el tiempo y tuvieras que elegir, ¿con quién se encontrarías: con tus antepasados o con tus descendientes?
_____
_____
_____

TRIVÍA DE LA MADRE
"Mi hija me presentó a mí misma." - Beyoncé Knowles

¿De qué logros personales estas más orgullosa?
___
___
___
___
___
___

¿Cuáles son las cinco cosas por las que estás agradecida?
___
___
___
___
___
___

Si te obligaran a cantar en un karaoke, ¿qué canción interpretarías?
___
___
___

ASUNTOS POLÍTICOS

" Lo que enseñas a tus hijos, también se lo enseñas a sus hijos."
- Autor desconocido

Cuáles de las siguientes opciones describe como te sientes al tener discusiones políticas:

☐ Preferiría no hacerlo.
☐ Prefiero tenerlas con personas cuyos puntos de vista coincidan con los míos.
☐ Me encanta un buen debate.

¿Qué edad tenías la primera vez que votaste?

_____

¿Cuáles son las mayores diferencias entre tus opiniones políticas actuales y las de cuando tenías veinte años?

_____

_____

_____

_____

¿Has participado alguna vez en una marcha o boicot? ¿Qué cuestiones, si las hay, podrían motivarte a unirte a una?

_____

_____

_____

_____

ASUNTOS POLÍTICOS
"En política la estupidez no es una desventaja."
- Napoleón Bonaparte

¿Cuándo fue la última vez que votaste?
___

¿En qué sentido estás de acuerdo y en qué no con las opciones políticas de la generación de tus hijos?
___
___
___
___
___
___

Si te despertaras y te encontraras al mando del país, ¿cuáles son las tres primeras cosas que promulgarías o cambiarías?

Uno: ___
___

Dos: ___
___

Tres: ___
___

CINE, MÚSICA, TELEVISIÓN Y LIBROS

"Si quieres un final feliz, eso depende, de por supuesto, en el punto en el que se detiene la historia." - Orson Welles

¿Qué película has visto el mayor número de veces?

_____

_____

¿Qué película o programa de televisión recuerdas que te gustaba cuando eras niña?

_____

_____

¿A quién elegirías para interpretarte a ti misma en la película de tu vida? ¿Y para el resto de tu familia?

_____

_____

_____

_____

_____

_____

_____

_____

CINE, MÚSICA, TELEVISIÓN Y LIBROS

"Mamá" - la persona más propensa a escribir una autobiografía y nunca se mencionase a sí misma." - Robert Breault

¿Cuáles son tus géneros musicales favoritos?

_____

_____

_____

¿Qué décadas tuvieron la mejor música?

_____

_____

_____

¿Cuál es el primer disco (o casete, cd, etc.) que recuerdas haber comprado o que te regalaron?

_____

_____

¿Qué canción te gusta hoy en día que haría que tu yo joven se emocione?

_____

_____

CINE, MÚSICA, TELEVISIÓN Y LIBROS

"Una madre no es una persona en la que apoyarse, sino una persona para hacer innecesaria la inclinación." - Dorothy Canfield Fisher

¿Cuál es la canción de tu adolescencia que te recuerda un evento o momento especial?

_____
_____
_____

¿Qué canción elegirías como el tema de tu vida?

_____
_____
_____

¿Cuál fue el primer concierto al que asististe? ¿Dónde se celebró y cuándo?

_____
_____

¿Cómo ha cambiado tu gusto musical a lo largo de los años?

_____
_____
_____

CINE, MÚSICA, TELEVISIÓN Y LIBROS

"Ser madre significa que tu corazón ya no es tuyo, sino que vaga por donde lo hacen tus hijos." - George Bernard Shaw

¿Qué programa de televisión del pasado te gustaría que siguiera al aire?

_____

_____

Si pudieras participar en cualquier programa de televisión o película, pasada o presente, ¿cuál elegirías?

_____

_____

¿Cuáles son algunos de los libros favoritos de tu infancia y/o adolescencia?

_____

_____

_____

_____

¿Qué libro o libros han influido mucho en tu forma de pensar, trabajar o vivir la vida?

_____

_____

_____

_____

_____

TOP DIEZ DE PELÍCULAS
" Los niños necesitan modelos más que críticas."
- Joseph Joubert

Enumera hasta diez de tus películas favoritas:

1. _____

2. _____

3. _____

4. _____

5. _____

6. _____

7. _____

8. _____

9. _____

10. _____

TOP DIEZ DE CANCIONES

"La música no está en las notas, sino en el silencio que hay entre ellas." - Wolfgang Amadeus Mozart

Enumera hasta diez de tus canciones favoritas:

1. _____

2. _____

3. _____

4. _____

5. _____

6. _____

7. _____

8. _____

9. _____

10. _____

TRIVÍA DE LA MADRE

"El Día de la Madre es la razón por la que
Alexander Graham Bell inventó el teléfono." - Autor desconocido

¿Cuál es tu festivo favorito y por qué?

_____
_____
_____
_____

¿Hay algo en el historial médico de tu familia que tus hijos deban saber?

_____
_____
_____
_____
_____

¿Qué período de diez años de tu vida ha sido tu favorito hasta ahora y por qué?

_____
_____
_____
_____
_____

TRIVÍA DE LA MADRE
"Porque cuando un niño nace, la madre vuelve a nacer."
- Gilbert Parker

¿A quién invitarías si pudieras cenar con cualesquiera cinco personas que hayan vivido?

_____
_____
_____
_____

¿Cuáles son algunos de tus libros favoritos?

_____
_____
_____
_____
_____
_____
_____
_____

ESPACIO PARA MÁS

"Cuando has criado niños, hay recuerdos que se almacena directamente en sus conductos lagrimales." - Robert Brault

Las siguientes páginas son para que amplíes algunas de tus respuestas, para que compartas más recuerdos y/o para que escribas notas a tus seres queridos:

ESPACIO PARA MÁS
"Los niños son propensos a vivir de acuerdo con lo que uno cree de ellos." - Lady Bird Johnson

ESPACIO PARA MÁS
"Cuando has criado niños, hay recuerdos que almacena directamente en sus conductos lagrimales." - Robert Brault

_____
_____
_____
_____
_____
_____
_____
_____
_____
_____
_____
_____
_____
_____
_____

ESPACIO PARA MÁS

"Los niños son como el cemento húmedo: lo que cae sobre ellos hace una impresión." - Haim Ginott

ESPACIO PARA MÁS
"Una madre entiende lo que un hijo no dice." -Desconocido

_____
_____
_____
_____
_____
_____
_____
_____
_____
_____
_____
_____
_____
_____

ESPACIO PARA MÁS
"El alma se cura estando con los niños." - Fyodor Dostoevsky

ESPACIO PARA MÁS
"Sin la música, la vida estaría en blanco para mí." - Jane Austen

ESPACIO PARA MÁS
"La música es la taquigrafía de la emoción." - Leo Tolstoy

HEAR YOUR STORY BOOKS

En **Hear Your Story**, hemos creado una línea de libros centrada en ofrecer a cada uno de nosotros un lugar para contar la historia única de quiénes somos, dónde hemos estado y hacia dónde vamos.

Compartir y escuchar las historias de las personas que forman parte de nuestra vida crea una cercanía y una comprensión que, en última instancia, refuerza nuestros vínculos.

Disponible en Amazon, en todas las librerías y en HearYourStory.com

- Papá, quiero oír tu historia: El diario guiado de un padre Para compartir su vida y su amor
- Mamá, quiero oír tu historia: El diario guiado de un padre Para compartir su vida y su amor
- Abuela, quiero escuchar su historia: Diario guiado de una abuela para compartir su vida y su amor
- Abuelo, Cuéntame Tu Historia: Diario Guiado de un Abuelo Para Compartir su Vida y Su Amor
- Dad, I Want to Hear Your Story: A Father's Guided Journal to Share His Life & His Love
- Mom, I Want to Hear Your Story: A Mother's Guided Journal to Share Her Life & Her Love
- Grandfather, I Want to Hear Your Story: A Grandfather's Guided Journal to Share His Life and His Love

HEAR YOUR STORY BOOKS

- Grandmother, I Want to Hear Your Story: A Grandmother's Guided Journal to Share Her Life and Her Love
- You Choose to Be My Dad; I Want to Hear Your Story: A Guided Journal for Stepdads to Share Their Life Story
- Life Gave Me You; I Want to Hear Your Story: A Guided Journal for Stepmothers to Share Their Life Story
- To My Wonderful Aunt, I Want to Hear Your Story: A Guided Journal to Share Her Life and Her Love
- To My Uncle, I Want to Hear Your Story: A Guided Journal to Share His Life and His Love
- The Story of Expecting You: A Selfcare Pregnancy Guided Journal and Memory Book
- To My Boyfriend, I Want to Hear Your Story
- To My Girlfriend, I Want to Hear Your Story
- Getting to Know You: 201 Fun Questions to Deepen Your Relationship and Hear Each Other's Story

DEDICACIÓN

A Donna Niles Mason

Mi madre

Eres la persona más fuerte que he conocido. Tu amor, tu espíritu y tu feroz determinación me dieron la vida, me ayudaron a convertirme en quien soy y siguen siendo las lecciones de mi vida.

Gracias por tu ejemplo y tu amor.

Te amo mamá

Sobre el autor

Jeffrey Mason lleva más de veinte años trabajando con individuos, parejas y organizaciones para crear cambios, alcanzar objetivos y fortalecer las relaciones.

Parte de la base de que ser humano es difícil y que cada persona tiene una historia de vida increíble que compartir.

Se compromete ferozmente a ayudar a los demás a entender que el perdón es el mayor regalo que podemos hacer a los demás y a nosotros mismos. Y trata de recordar que, si bien tenemos la eternidad, no tenemos para siempre.

Te agradecería que ayudaras a la gente a encontrar sus libros dejando una reseña en Amazon. Tus comentarios también le ayudan a mejorar en esto que ama.

Puedes ponerte en contacto con él en HearYourStory.com o directamente en hello@jeffreymason.com. Le encantará saber de ti.

Copyright © 2023 EYP Publishing, LLC,
Hear Your Story Books, & Jeffrey Mason
Todos los derechos reservados. Ninguna parte de esta publicación puede ser reproducida, distribuida o transmitida en cualquier forma o por cualquier medio, incluyendo fotocopias, grabaciones, ordenadores u otros métodos electrónicos o mecánicos, sin el permiso previo por escrito del editor, excepto en el caso de breves citas incorporadas en reseñas críticas y algunos otros usos no comerciales permitidos por la ley de derechos de autor. Para solicitar el permiso, escriba al editor, dirigido a "Atención: Permissions Coordinator", a customerservice@eyppublishing.com.
ISBN: 978-1-955034-67-8

Made in the USA
Columbia, SC
02 June 2025

022ae764-8f1d-41c8-bc4b-f5d86110f592R02